おしえて！辻留さん

茶懐石のワザをいかす毎日ごはん

京都 辻留
平 晴彦

目　次

5　辻留さん愛用の調味料類
8　辻留さん愛用の調理器具
10　さまざまな、したごしらえの仕方

野菜のしたごしらえ
皮をむく　10
特別な包丁づかい　取りのぞく　アクぬき　11
乾物類をもどす　豆腐の水きり　12

魚介のしたごしらえ
骨ぬき　霜降り　塩をふる　タコの掃除　13

出汁の種類と煮きり酒のつくり方
一番出汁　二番出汁　精進出汁　天出汁　煮きり酒　14

加減酢（合わせ酢）のつくり方
柑橘酢　加減酢　15

あしらいのつくり方
おろし生姜　露生姜酢　山葵　紅葉おろし　15

❖ 1月
鱈の酒蒸し紅葉おろし　16
葱の辛子酢味噌和え　18
蓮根と牛蒡、鶏肉の煮物　20
大根と水菜、湯葉、鶏の叩き寄せ、小鍋仕立て　22

❖ 2月
鰤の五、六切り山かけ　24
浅利の豆腐の煮物　26
蕗の薹の辛煮　28
湯葉すり流し　30

❖ 3月
板和布の火取りごはん　32
赤貝の造り　34
浅草海苔の油焼き　36
春野菜を使った沢煮椀　38

❖ 4月
筍、牛蒡、しいたけ、絹さや、　40
鶏そぼろの玉子とじ
バイ貝旨煮　42
筍の天婦羅　44
烏賊と唐辛子の醤油炒め　46

❖ 5月
鰈の煮付　48
真蛸と冬瓜の炊き合わせ　50
和布と胡瓜の酢の物　52
なまり節とふきの炊き合わせ　54

❖ 6月
鹿角菜と夏牛蒡、鶏肉の煮物　56
スナップエンドウと　58
厚揚げの煮物
韮の玉子とじ　60
新生姜の炊き合わせごはん　62

❖ 7月
揚出し豆腐　64
油目の琥珀揚げ　66
馬鈴薯と鶏のささみの酢の物　68
枝豆の冷汁　70

❖ 8月
精進のおから　72
芋茎と小芋の炊き合わせ　74
胡麻豆腐　76
鯵の南蛮漬　78

❖ 9月
油目と豆腐の煮付　80
小芋の唐揚げ　82
胡瓜と椎茸の合い混ぜ　84
豚角煮　86

❖ 10月
銀杏ごはん　88
船場汁　90
湯葉と鱸の炊き合わせ　92
玉子宝楽焼　94

❖ 11月
壬生菜と粟麩の炊き合わせ　96
丸大根と海老の炊き合わせ　98
はたと豆腐の酒蒸し　100
牡蠣雑炊　102

❖ 12月
南瓜の旨煮　104
蕎麦の大名蒸し　106
鴨と大根の炊き合わせ　108

111　辻留さんおすすめの
　　　調味料類ほか、お取り寄せ先

料理・文／平 晴彦　　撮影／大道 雪代　　撮影協力／京都 辻留
デザイン／中井 康史・三上 照正（キャスト・アンド・ディレクションズ）

京都 辻留
きょうと つじとめ

平 晴彦
たいら はるひこ

はじめまして「京都 辻留」の平でございます。

私が料理の世界に飛び込んでから50年、京都三条の店を任されてから40年以上過ぎました。その中で培った料理の知識などを、毎日のごはんのお役に立てられたら幸いです。

懐石料理は季節を守るのが約束で、自然に育まれた素材の旬、旨味の一番充実したときを使うのが基本です。

この本は、懐石の基本を毎日の食生活に応用できるヒント集ともいいましょうか。素材は数多くあり、組み合わせることによって、日常のお料理のつくり方はより広がることでしょう。

辻留さん 愛用の調味料類

和食の調味の基本は、出汁、醤油、塩、旨味を補うための酒で、素材の味を活かすために二、三種で味付けをするのですから、よいものを選びましょう。調味料は、お住まいの地域によって、それぞれ異なるかと思います。それが家庭の味であり故郷(ふるさと)の味ですので、大切にしてください。乾物も出汁など、料理のベースになる大切な素材です。私ども辻留でも、基本的となる調味料や材料を決めております。大方のものは取り寄せが可能ですので、111頁で紹介致します。

左から
胡麻油(ごまあぶら)…胡麻の香りはないが、サラリと香ばしく仕上がる。
薄口醤油(うすくちしょうゆ)…薄口醤油のなかでは、塩分濃度が控えめで、自然な色合い。香りがよく色目もすっきりとした良品。
濃口醤油…薄口醤油にくらべると、塩分は少なく旨味は多い。
米酢(こめず)…まろやかな味わいが特徴。

八丁味噌（はつちようみそ）
味噌の仲間では一番色が濃く、やや渋みがあり、甘味が少ない。見た目の印象より塩分が薄い豆味噌。

白味噌（しろみそ）
京都の食文化を代表する調味料。甘味が強く、塩分が少ないのが特徴。名前のように色も薄く、用途の広い米味噌。

仙台味噌（せんだいみそ）
一般的な赤味噌として流通している米味噌。香り、旨味が強くおよそどのような素材にも合い、利用範囲が広い。

塩
海水からつくられた塩。ミネラルが多く含まれ、塩味のみならず苦味、甘味があり、奥深い味わいの塩。

白味噌（しろみそ）
擂り潰すまえの段階。粒々なので扱いやすく、味噌漬などに使う。

鰹節(かつおぶし)
よく乾燥された良質の鰹節は、手に持って打ち合わせるとカンカンと堅い石を叩き合わせたような音がする。血合の部分を取りのぞき、赤色のツヤツヤとした削り節をつくる。香り、旨味など風味を大切にするためには、出汁をとるつどに削るのがよい。

昆布
黒色で肉厚のよく乾燥したものが良品。つくられてから一年間以上おいてから使う。

干し椎茸
用途に応じて種類がいろいろあるが、よく干された笠の肉厚なものを選ぶ。

包丁

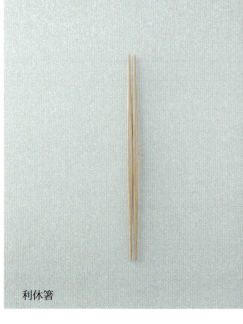

利休箸

辻留さん愛用の調理器具

料理には、調理器具が欠かせません。料理人にとって調理器具は、料理の味をも左右する大切な道具です。特に包丁は、手入れが行き届いていないと、食材そのものを傷める要因にもなります。包丁に限らず、鍋やお玉ひとつとっても、日々手入れをしていると30年40年と使うことができます。

包丁…つくり手により、使いよさが大きく違うので、好みにあったものを選ぶ。
利休箸…杉木地でできたこの箸は、やわらかいので器に疵をつけずに、料理を盛ることができる。
山葵(わさび)おろし…鮫皮(さめがわ)を張ってある。
片手鍋…打ち出しで、それぞれ大きさがある。深いものが使いやすい。
汁しゃもじ…打ち出しで、杓文字1杯が160ccになるようにあつらえた。
穴しゃもじ…浅いつくりで、穴をあけて汁をきりやすい形にあつらえた。
重ね鍋…打ち出しで、口づくりのされた上辺は、中に針金を巻き込み、より丈夫につくられている。たっぷりの深さで、七つ重ねにあつらえてある。
おろし金…銅製で両面には粗い目立、細かい目立がされている。
くるみ・ぎんなんの殻割器…クリストフル製。
流し箱…一人前用にあつらえた。銅製で熱伝導がよい。
鍋つかみのやっとこ…重ね鍋などに用いる。

※八木包丁店製(利休箸、山葵おろし、殻割器以外)

山葵おろし
片手鍋
おろし金
汁しゃもじ
穴しゃもじ
重ね鍋
くるみ・ぎんなんの殻割器
鍋つかみのやっとこ
流し箱

さまざまな、したごしらえの仕方

野菜のしたごしらえ

野菜は調理をする前に、皮をむく、切る、アクぬきなど、したごしらえが必要となります。ひと手間かけることで、口当たりよく仕上がります

皮をむく

［大根、かぶら］…筋や皮が厚い野菜は皮を厚めにむく。

かぶらの皮をむく

大根の皮をむく

［ぎんなん］…殻から実を取ったら、水に浸して薄皮をむく。

［栗］…包丁で鬼皮をむいてから、指先で渋皮をむく。

［小芋］
小芋の皮をむく…沸かした湯に入れて、2〜3分茹でて、小芋が冷める前にかたく絞った布巾などで皮をむく。
小芋をやわらかく茹でる…皮をむいた状態で、水に米ぬかと一緒に入れて茹でる。煮るときは、米ぬかを流水で洗い流す。

特別な包丁づかい

［面取り］…野菜の角を落とす。煮崩れを防ぐための細工。

［隠し包丁］…短い時間で味をしみこみやすくし、食べやすくする効果がある。

［笹がきごぼう］…ごぼうをタテに何本か切れめを入れる。まな板などに寝かせ、手のひらでコロコロさせながらそぎ切る。笹の葉のように薄く、平たく、長くつくることができる。

面とり　　　　　　隠し包丁　　　　　笹がきごぼう。タテに切れめを入れてから、ごぼうを笹がく。

取りのぞく

［ゆずの皮］…ゆずの皮は、へいで椀の吸い口にそのままの厚さで使うときや、せん切りにする場合は、白い綿を取りのぞく。

［豆の筋］…さやいんげん、絹さや、スナップエンドウなど、さやのまま調理する豆類は、新鮮なうちに筋をすべて取りのぞく。

アクぬき

アクのある野菜は、そのまま調理するとエグみが出るので、必ずアクぬきをしましょう。

［筍］…皮つきのまま先端を斜めにきって、米ぬかを加えた水から、落し蓋をしてやわらかくなるまで茹でる。茹であがったらそのまま冷ます。

［三度豆］…沸騰した湯に灰アク汁（市販）を少量入れて、色よくやわらかくなるまで茹でる。

［うど］…皮を厚めにむく。水にさらしておく際は、形を整えておくほうがよい。新鮮なうどは水でよいが、少し旬を過ぎたアクがあるものは、水に少量の酢を入れる。

[ふき]…ふきは茹でる鍋の大きさに合わせてきる。このとき筋はむかない。鍋に湯を沸騰させて灰アク汁を入れて、やわらかくなるまで茹でてアクぬきをする。やわらかくなったら水にさらし、筋を両端からむく。茹でる前に筋をむくと、調理中にアクが出やすい。

[ずいき]…ずいきは、皮をむいて食べやすい長さに切り、酢水にさらしてアクぬきをする。アクぬきをしたずいきは、酢を入れた熱湯で、やわらかく茹でる。

芋茎。皮をむいてから、酢水にひたしてアクをぬく

乾物類をもどす

[ひじき]…たっぷりの水に約1時間浸しておき、その間に何回か水を替える。乾燥臭をとるのと同時に、塵や砂などを充分に洗い流す。

[干しいたけ]…水に一晩浸してもどす。夏季は必ず冷蔵庫に入れる。漬け汁ごと鍋に入れ、冷たい状態から火にかけ、沸騰してやわらかくなったら取り出し、水にさらして冷ます。使うときは、しいたけの軸をえぐるように取りのぞき、調理方法に応じてきる。

[かんぴょう]…水にさらしてすぐに取り出し、塩もみをしたあと、塩気を水で洗い流す。大きな鍋にたっぷりの水を入れて火にかけ、やわらかくなるまで茹でる。

豆腐の水きり

豆腐の水きりは、斜めにした平らな板状のものに、豆腐をのせる方法が一般的だが、豆腐を炒めるときなどは茹でる、または電子レンジなどで中まで熱を通したほうが、水っぽさをより抑えることができ、腐りにくくなる。

魚介のしたごしらえ

魚介は骨があり、野菜にくらべて臭いも気になります。新鮮なものを使うのは当たり前ですが、美味しく頂くための魚特有のしたごしらえがあります。

骨ぬき
サバ、サケ、アブラメ、ニシンなど骨がしっかりしている魚は、骨ぬきをすると食べやすくなる。骨ぬき専用の調理器具がある。

霜降り
魚の臭みを取る方法の一つ。熱湯に食材を入れて表面がうっすらと白くなったら、水におとす。

湯通しをしたあと、水にとる

塩をふる
魚に塩をふると、余分な水分が抜けて身がしまり、魚の味がより凝縮する。特にサバは「サバのベタ塩」といって、たっぷりと塩をふる。

生タコの掃除
タコにぬめりがあり、吸盤の掃除などが必要な場合は、深い容器にきったタコと塩を2つまみほど入れて、7～8分間大根でつく。熱湯で茹でて表面が白くなったら、水におとして流水でぬめりなどを流す。

塩を2つまみほど入れて、大根でつく

出汁の種類と煮きり酒のつくり方

出汁は料理の味を左右する大切なものです。基本的な出汁のとり方を覚えておきましょう。

一番出汁

主に味噌汁や椀物など汁物のベースに使う。

鍋に昆布と水を入れて火にかけ、沸騰する直前に昆布を引きあげる(沸騰すると、クセ味が出る)。一度水をさして、鰹節を一度に入れて、浮いてきたら火を止めて、布巾またはキッチンペーパーで漉す。このとき絶対に押したり、絞ったりしないこと。

二番出汁

主に炊き合わせや、具材の下煮に使う。

鍋に一番出汁で使った昆布と鰹節、水を入れ沸騰させる。一割ほど煮詰めたら昆布を引きあげる。火をとめてから布巾またはキッチンペーパーで絞って漉す。

精進出汁

精進料理をつくるときに使う。

容器に干ししいたけ、昆布、水を入れて一晩水に浸す(夏季は必ず冷蔵庫に入れる)。漬け汁ごと鍋に移して、冷たい状態から火にかけ沸騰させる。沸騰したらしいたけと昆布を取り出し、布巾またはキッチンペーパーで漉す。

天出汁

出汁、濃口醤油を5:1に合わせて、少量の日本酒、削りカツオを加えて火にかけ、ひと煮立ちさせて漉す

煮きり酒

旨味をおぎなう役目がある。鍋に日本酒を入れ、火にかける。沸騰したら火を弱めて酒を燃やす。アルコール分がなくなると炎は収まる。

加減酢（合わせ酢）

加減酢とは、いわゆるポン酢などのことです。濃口や薄口醤油に柑橘類の絞り汁を加えて、手軽につくれます。

柑橘酢
すだちなどの絞り汁に、同量の濃口や薄口醤油を合わせる。レモンでもよい。

加減醤油
お造りにつかう醤油で、薄口醤油を出汁で割り、柑橘酢を加える。濃口醤油に柑橘酢を少々加えてつくる。

［生姜酢・生姜醤油］…薄口醤油、二番出汁、柑橘酢または米酢を合わせて、生姜汁を絞る。貝類・イカ・カニなどを食べるときに適する。

あしらいのつくり方

あしらいは、シンプルな料理にアクセントをつける大切な役割をします。市販のものもありますが、ご自宅でもつくってみましょう。

おろし生姜
皮をむいてこまかくおろして使う。

露生姜
すりおろした生姜をキッチンペーパーなどにとり、使うときに生姜の汁だけを絞る。料理のアクセントに生姜の風味だけを使いたいときに効果的。

山葵
山葵は葉つきのほうからおろす。山葵の葉をおとしておろしたい部分だけ皮をむく。目が細かいおろし金または鮫皮のおろし板に、山葵を垂直にたて「の」の字を書くように軽くすりおろしていく。そえるときは、三角錐に形をつくる。

紅葉おろし
瓶詰で売っているが、ご自宅でつくったほうが美味しい。唐辛子4〜5本を、使う前日から水に浸しておく。大根の皮をむき、割り箸などで数ヶ所穴をあけて、唐辛子を割り箸などで詰める。種を取った唐辛子が抜けないように大根をおろす。

1月

鱈の酒蒸し紅葉おろし

酒蒸しは魚の旨味を引き出します。
皿ごと蒸してあつあつに。
タラ以外の白身の魚も美味しいものです。

主な材料（3人分）

- タラ…2きれ（150ｇ）　しいたけ…3個　豆腐…⅓丁　昆布…6×3cmを3枚
- 酒…大さじ1強
- 紅葉おろし…大根（90ｇ）　唐辛子（1本）
- 柑橘酢(かんきつず)…すだち（3個）　薄口醤油(すだちの絞り汁と同量)

したごしらえ

- タラは一口大に切る。
- しいたけは軸を取り、表に飾り包丁を入れる。
- 豆腐は一口大に切る。
- 柑橘酢をつくる（15頁）。
- 紅葉おろしをつくる（15頁）。

つくり方

1. 1人用の器に昆布を1枚敷き、3等分したタラ、豆腐を盛りつける。
2. 上から酒⅓量をふり、蒸し器で約15分蒸す。
3. 蒸しあがったら、紅葉おろしをのせる。
4. 柑橘酢は、食べるときにかける。

おしえて！

おもてなし用の盛りつけ

材料を皿に盛り、電子レンジでも手軽にできる献立ですが、おもてなしに使いたいときは、盛りつけにも気をくばり、向こうにタラ、左手前にしいたけ、右手前にやわらかく取りにくい豆腐をおき、少しでも食べやすいように一工夫してみましょう。

葱の辛子酢味噌和え

ねぎは、日本の家庭でなじみのある野菜の一つです。
いつもと違う味付けで、
ねぎそのものの美味しさを味わってみましょう。
白味噌は京都を代表する味噌です。
九条ねぎがない場合は、通常のねぎでも結構です。

主な材料（3人分）

- 九条ねぎ…6本
- 和え衣…白味噌（40ｇ）　溶き辛子（適量）　酢（適量）
  薄口醤油（小さじ1）　出汁（小さじ2）
- サラダ油…少々

つくり方

1. 擂り鉢に、白味噌と溶き辛子を入れて、よくすり合わせる。
2. 薄口醤油を加えてすり合わせ、酢を加えてさらによくすり合わせる。
3. ねぎを一口大に切って、油で焦げめがつくくらいまで炒める。
4. 器にねぎを盛りつけ、②の味噌をかける。

白味噌と溶き辛子を
すり合わせる

ねぎを炒める

おしえて！

口当たりよく仕上げるコツ

白味噌は擂り鉢ですることで、口当たりがなめらかになります。また、味を変化させずに白味噌を少しのばしたいときは、出汁を使うと白味噌の旨味を損なうことはありません。油と味噌、油とねぎ、すべて相性のよいものです。

左・白味噌は擂り鉢で
する
右・出汁を使ってのばす
と、旨味を損なわない

1月の和え物

蓮根と牛蒡、鶏肉の煮物

冬は根菜類が美味しい季節。
特にれんこんは、淡白な味わいですから、
さまざまな調理方法で味を楽しめます。
ごぼうと鶏肉を使って煮物をつくります。
ごぼうの皮は香り高く栄養がたっぷりです。

‖ 主な材料（3人分）‖

- れんこん…⅔節　ごぼう…1本　鶏もも肉…½枚
- 出汁…200ml　酒…大さじ1　濃口醤油…大さじ2
- サラダ油…適量

‖ したごしらえ ‖

- れんこんは皮をむき、らん切りにして水にさらす。
- ごぼうは土をよく洗い落とし、皮がついたままらん切りにして水にさらす。
- 鶏肉は一口大に切る。

‖ つくり方 ‖

1　蒸し器に、水気をきったれんこん、ごぼうを入れ、約15分蒸す。
2　鍋に油をひき、鶏肉を炒める。
3　②の鍋に蒸しあがった①を加えて炒める。
4　出汁を加え落し蓋をして、出汁が還流する程度の火の強さで煮る。
5　鶏肉に熱が通ったら、酒、濃口醤油を入れて、味がしみこむまで煮詰める。

れんこん、牛蒡を蒸す

おしえて!

水っぽくならない方法

れんこんとごぼうは、蒸すことで仕上がりが水っぽくなるのを防ぎます。また、食材がやわらかくなり、味がしみこみやすくなるので、火をかけすぎて出汁が煮詰まるのを防ぎ、調理時間の短縮にもなります。

1月の煮物

大根と水菜、湯葉、鶏の叩き寄せ、小鍋仕立て

鍋は一人分から数人分まで、それぞれ楽しめる料理です。
丸大根を使いましたが、通常の大根でも美味しく仕上がります。
生湯葉が手に入らないときは、干し湯葉を用いても結構です。

1月の小鍋

主な材料(3人分)

- 鶏肉団子…鶏ひき肉(300ｇ)　白味噌(大さじ1)　溶き玉子(¼個分)　出汁(大さじ2)　浮き粉(大さじ強)　生姜(みじん切り1かけ)
- 昆布…はがき1枚大
- 丸大根…¼個　水菜…2束　生湯葉…3枚
- 煮汁A…出汁(300ml)　薄口醤油(大さじ1)
- 煮汁B…出汁(180ml)　薄口醤油(小さじ2)

したごしらえ

- 大根は一口大に切り、皮をむき面取りをする(10、11頁)。
- 水菜は色よく茹でて、食べやすい長さに切る。
- 生湯葉はまな板に取り、半分に切って重ね合わせてから、手前から巻き込み両端を竹皮ひもなどで結んでおく。
- 浮き粉は出汁で溶く。　・生姜はみじん切りにする。

つくり方

1. 鍋に大根、昆布、大根がかぶるくらいの水を入れ、キッチンペーパーで落とし蓋をして熱を通す。やわらかくなったら、薄口醤油大さじ1を入れて、味をととのえる。
2. 肉団子をつくる。擂り鉢にひき肉、白味噌を入れて軽く混ぜる。溶き玉子、溶いた浮き粉を加えて、するように全体を混ぜ合わせる。さらに生姜を加えてヘラなどで均一になるように混ぜる。
3. 別の鍋に煮汁Aを入れ、煮立ったところへ団子状にした②を入れて中まで熱を通す。
4. 別の鍋に煮汁B、湯葉を入れて、キッチンペーパーで落とし蓋をして火にかける。ひと煮立ちしたら火を止め、食べよい大きさに切る。
5. 土鍋に、鶏団子、大根、湯葉、水菜の順に盛りつけ、鶏団子、大根、湯葉の煮汁を混ぜ入れて煮立たせる。

おしえて

鶏ひき肉の旨味を引き出す方法

鶏のひき肉に入れる白味噌のわずかな甘味は旨味となり、浮き粉は旨味を閉じ込め、ふわふわとした食感に仕上げる役目があります。また、調味料類を混ぜる分量は、寒さの厳しいときは、鶏団子の汁を多くしたり、好みに合わせます。

2月

鰆の五、六切り山かけ

サワラのように身がやわらかい魚は、
コロコロとサイコロ形の角切りに。
山芋はコクがある野菜なので、淡白な魚によく合います。
サワラのかわりにマグロやアジでも。

‖ 主な材料（3人分）‖

- サワラ…2〜3きれ（180ｇ）　山芋（長芋でも可）…150ｇ
- 出汁…大さじ1
- 濃口醤油…適量　海苔…適量　山葵…少量

‖ したごしらえ ‖

- 山芋は皮をむき、おろし金ですりおろす。
- 海苔は手で小さくちぎる。　・ 山葵はすりおろす（15頁）。

‖ つくり方 ‖

1　サワラは2cmの角切りにして、冷蔵庫に入れておく。
2　擂り鉢にすりおろした山芋を入れて、やわらかさが均一になるようにする。
3　②に出汁を加え、均一になるようにすり混ぜて、山芋のやわらかさをととのえる。
4　サワラを器に盛りつけ、③の山芋をかける。
5　形をととのえた山葵と海苔をそえ、濃口醤油を器の一隅より入れる。

おしえて❗

生の魚の切り方
身がやわらかい魚は、薄切りにすると崩れやすくなります。魚は身のかたさで切りわけましょう。

山芋を美しくかける方法
山芋は、お玉やスプーンなどでは掬いにくいものですから、割り箸2本で巻くようにまとめると、綺麗にかけることができます。

左・割り箸に山芋を巻く
右・サワラにかける

浅利と豆腐の煮物

アサリは、すでに旨味が凝縮されている食材です。
どの食材とも合わせやすい淡白な豆腐は万能です。
お酒を使って寒さ厳しい冬をのりきりましょう。
3月にはハマグリを使っても結構です。

‖ 主な材料（3人分）‖

- アサリ（殻付）…30個　豆腐…1丁　昆布…6×3cm
- 薄口醤油…小さじ2　煮きり酒（14頁）…100ml

‖ したごしらえ ‖

- アサリは、塩水に6時間ほどさらして砂ぬきをする。
  その間2、3回水替えをする。
  最後まで殻が閉じたままのアサリは取りのぞく。
- 豆腐は一口大に切る。

‖ つくり方 ‖

1. 殻付のアサリを容器に移し、煮きり酒、昆布を入れる。
2. 蒸し器で殻が開くまで約15分蒸す。
3. 鍋に豆腐、②のアサリの蒸し汁を入れて、
   薄口醤油で味をととのえてから、アサリを豆腐の横に加える。
4. 落し蓋をして火にかけ、コトコトと煮立ちはじめたら火を止める。
5. 器に豆腐、アサリの順に盛りつけて、煮汁をかける。

おしえて

盛りつけのポイント

器には豆腐、アサリの順に盛りつけましょう。アサリに限らず貝は身が表になるように盛りつけると、食べよく美味しそうに見えます。また身を内側にすると、殻の端で豆腐を崩してしまうこともあります。

蕗の薹の辛煮

ふきのとうは、汁物の吸い口にパラリと散らしたり、
味噌や醤油を使った濃い味付けが合います。
一年のほんのわずかな期間のものですが、
早春の香りを満喫しましょう。

‖ 主な材料（3人分）‖

- ふきのとう…100ｇ
- たまり醤油…大さじ1　煮きり酒（14頁）…大さじ4

‖ したごしらえ ‖

- ふきのとうは、やわらかく茹でて、2日間水にさらしてアクをぬく。水は朝晩かえる。

‖ つくり方 ‖

1. 鍋を火にかけ、アクぬきをしたふきのとうを入れ、空煎り（からい）する。
2. 水分がなくなったら、煮きり酒、たまり醤油を加えて煮詰める。
3. 完全に汁がなくなるまで、煮詰めたら火を止め、そのまま冷ます。

空煎りする

煮きり酒、たまり醤油を加えて煮詰めていく

完全に煮詰める

2月の煮物

おしえて！

春野菜を美味しくするしたごしらえ

春野菜はアクの強いものが多くあります。ふきのとうも同様で、小さいながらもしっかりとアクがありますので充分に水にさらして、根気よくしたごしらえをしましょう。また、水分が残っていると味が変化し旨味を損ないますので、時間をかけて空煎りをします。

湯葉すり流し

心身ともに温まる汁物です。
この料理は、鶉のひき肉やアワビ、イセエビ、枝豆などを
使いますが、手に入りやすい湯葉で応用してみましょう。
具の麩は入れなくても結構です。

‖ 主な材料（3人分）‖

- 湯葉…180ｇ　蓬麩（よもぎふ）…¼本
- 葛粉…大さじ2　出汁…400ml　薄口醤油…小さじ2
- ゆず（皮のすりおろし）…適量

‖ したごしらえ ‖

- 蓬麩を2cm角に切る。
- 葛粉を出汁で溶く。

‖ つくり方 ‖

1. 湯葉は広げて細かく切り、
   擂り鉢（フードプロセッサーでも可）で形がなくなるまでする。
2. ①の擂り鉢に、溶いた葛粉を数回にわけて加え、均一になるように混ぜる。
3. 鍋に②を移して弱火にかけ、焦げないようにヘラで混ぜる。
   泡が出てきたら、汁しゃもじなどで取りのぞく。
4. 汁全体に透明感が出てきたら、薄口醤油で味をととのえ、
   蓬麩を入れて温まったら火を止める。
5. 椀に盛りつけて、ゆずを散らす。

2月の汁物

おしえて❗

湯葉と葛が分離しない方法

この料理は、素材の持ち味が楽しめます。手の加え方がシンプルな料理ほど、このような傾向があります。それだけに、基本は忠実に守る必要があります。湯葉と葛が分離しないためには、この手順に従い、丁寧によく混ぜて、必ず弱火で混ぜ合わせながら熱を通すことが肝要です。

3月

板和布の火取りごはん
　　いたわかめ　　　ひど

酒の肴としても美味しい板わかめ。
塩で味付けしたご飯とシラスを混ぜ合わせて、
磯の風味と香りを食卓に。

‖ 主な材料（3人分）‖

- 米…1カップ（1合）　板わかめ…20×30cm（3枚）　シラス干し…80ml
- 塩…小さじ弱

‖ したごしらえ ‖

- 米は塩で味をつけて、少しかために炊く。

‖ つくり方 ‖

1. 板わかめを金網にのせて、パリッとなるまで火を通す（IHの場合はフライパンを使う）。
2. 火を通した板わかめを、手でもみながら砕く。
3. 容器に炊いたご飯の半量を入れ、シラス干し半量を加えて軽く混ぜ、砕いた板わかめ半量を加えて混ぜる。
4. 残りの半量も同様に混ぜ合わせて、③と合わせてから器に盛りつける。

板和布を砕く

板和布、シラス干しを混ぜる

3月のごはん

おしえて！

板わかめの味わい方
板わかめの食感を楽しみたいときは少し大き目に、磯の香りに重きをおくときは、細かくくだきましょう。

均一に仕上げる方法
わかめとシラス干しを、ご飯に均一に混ぜるには、2～3回にわけて加えるのがポイントです。

赤貝の造り

アカガイは寿司種や、肉厚なものは焼物にしても、
旨味を味わうことができる貝です。
旬を迎えたアカガイを造りにして、
生姜酢でさっぱりと。

‖ 主な材料（3人分）‖

- アカガイ（むき身）…6個　アカガイのヒモ…貝6個分
- うど…4cm　三つ葉…適量
- 生姜酢…生姜汁（小さじ1）　出汁（小さじ1）　薄口醤油…（小さじ2）

‖ したごしらえ ‖

- うどは拍子木切りにして、水にさらしアクをぬく（11頁）。
- 三つ葉はやわらかく茹でて、小口に短く切る。
- 生姜酢をつくる（15頁）。

‖ つくり方 ‖

1. アカガイの身は、まな板に軽く叩きつけて、隠し包丁を入れて食べよい大きさに切る。
2. アカガイのヒモも、食べよい長さに切る。
3. 器に身、ヒモの順に盛りつけ、水気をきったうど、三つ葉をそえる。
4. 別の器に生姜酢を入れて供する。

隠し包丁を入れる

身、ヒモの順に盛りつける

おしえて！

歯ごたえをよくする方法

アカガイの身は、軽く叩きつけることで、身がしまり歯ごたえがよくなります。また、磯の香りを心よく楽しめるのも、この貝の美味しさの一つです。

浅草海苔の油焼き

海苔と塩と油だけ。家庭に常備されている食材を使って、手軽につくれる酒の肴です。
胡麻油を使うと、韓国海苔風に仕上がります。

主な材料（2人分）

- 浅草海苔…1枚（21×19cm）
- 塩…適量　サラダ油…小さじ2

したごしらえ

- 海苔を半分に切る。

つくり方

1. 2枚の海苔はザラザラした面を上にして、油をハケで均一に塗る。
2. 2枚の海苔のうち1枚に、塩を適量ふる。
3. 塩をふっていない海苔と②の海苔を、油を塗った面と面を合わせて重ねる。
4. ③の海苔の両面を火で軽くあぶる（IHの場合は、フライパンを使う）。
5. 海苔の端をおとし、長さをととのえて末広型に切る。
切り込みを入れた青竹が手に入れば、海苔をはさんで盛りつける。

太いハケで油を塗る

油を塗った面と面を合わせる

末広型または好きな形に切る

おしえて！

塩加減が決め手

塩は海苔1枚、一面だけにして、ふり過ぎないように気をつけましょう。

毎日ごはんとおもてなし用の切り方

普段のおつまみにはシンプルに短冊や色紙型にも切りますが、末広や型ぬきを使うとおもてなしにも適しています。頂くときに湿っている場合は、電子レンジに入れて短時間調理してください。

春野菜を使った沢煮椀
はる やさい つか さわ に わん

沢煮椀は昔、猟師が塩漬けの肉と野菜をたずさえ、
沢汁にしたてた沢煮から生まれたとのこと。
出汁のかわりに、チキンブイヨンにすると、また風味がかわります。
椀に入れる野菜は、生で食べられるものに限ります。

‖ 主な材料（3人分）‖

- 豚の背脂…15ｇ　うど…15ｇ　ごぼう…10ｇ　にんじん…10ｇ
  しいたけ…2枚　三つ葉…5本
- 出汁…500ml　薄口醤油…小さじ2　胡椒（こしょう）…適量　塩…1つまみ

‖ したごしらえ ‖

- うどは皮を厚めにむき、せん切りにして水にさらしアクをぬく(11頁)。
- ごぼうは、笹がきにして水にさらす(11頁)。
- にんじんは、せん切りにして水にさらす。
- しいたけは軸を取り、薄切りにする。　・三つ葉は2〜3cmの長さに切る。
- 豚の背脂は、薄くヘギ切りにしてから、細切りにする。

‖ つくり方 ‖

1　椀にごぼう、にんじん、うど、三つ葉を適量入れる。
2　鍋に出汁を煮立たせ、背脂、しいたけを入れ、塩、薄口醤油で味をととのえる。
3　ひと煮立ちしたら汁を椀にはり、吸い口の胡椒をふる。

3月の汁物

おしえて

根菜類の切り方
椀に入れる根菜類は、口当たりがよくなるように、せん切りはなるべく細く仕上げましょう。

シンプルな料理にアクセントを付ける方法
この料理は、シンプルな食材と味付けです。吸い口の胡椒は少し多めにふり、アクセントをしっかりとつけましょう。

4月

筍、牛蒡、しいたけ、絹さや
鶏そぼろの玉子とじ

筍に春ごぼう。鶏のそぼろと炒めると、
小さな子どもも食べやすくなります。

‖ 主な材料（5人分）‖

- 鶏ひき肉…150ｇ　木綿豆腐…1丁　筍…1本　れんこん…½本
  ごぼう…2本　しいたけ…10枚　絹さや…25枚　溶き玉子…2個分
- 薄口醤油…大さじ3強　サラダ油…適量　山椒…適量

‖ したごしらえ ‖

- 豆腐は水きりをする（12頁）。
- 筍はアクぬきをしたあと（11頁）、食べやすい大きさの薄切りにする。
- れんこんは、イチョウ型の薄切にして水にさらす。
- ごぼうは笹がきにして、水にさらす（11頁）。
- しいたけは、軸を取りのぞいて薄切りにする。
- 絹さやは筋を取って細切りにする。

‖ つくり方 ‖

1. フライパンを火にかけて油をひき、ひき肉をほぐすようにして炒める。
2. 深めの鍋に油をひき、①のひき肉、豆腐を入れ、豆腐を崩しながら炒める。
3. 熱が通りにくい、れんこん、ごぼうを加えて炒め、
   続けて筍、しいたけを加えて炒める。
4. 野菜に完全に熱が通ったら、絹さやを加えて軽く炒め、
   薄口醤油で味をととのえる。
5. 火を止めてから、溶き玉子を全体にかけて、余熱でとじる。
6. 器に盛りつけて、山椒をふる。

4月の玉子料理

おしえて

香辛料の使い方

生姜や粉山椒は、風味が強い薬味ですが、料理の風味をかえたいときや、アクセントをつけたいときには活用しましょう。この料理の場合、溶き玉子に生姜汁を加えてからとじてもいいでしょう。山椒は器に盛りつけたあとかけてください。多種類の素材を合わせてつくる料理こそ、香辛料の楽しみ方が増えます。

バイ貝旨煮
(ばいがいうまに)

バイガイは、富山県産のものが美味とされています。
生姜とともに煮て、独特のクセを消しましょう。

主な材料（5人分）

- バイガイ…25個
- 出汁…400ml　薄口醤油…大さじ2　生姜…1かけ
- 木の芽…適量

したごしらえ

- バイガイの殻は、タワシでよく洗う。
- 生姜は皮をむき、拍子木切りにする。

つくり方

1. 鍋にバイガイ、生姜を入れ、バイガイがひたひたになるくらいまで出汁を加える。
2. 薄口醤油を加え、落し蓋をして吹きこぼれない程度の火の強さで、コトコトと煮る。
3. 煮立ったら、バイガイだけを容器に取り出し、殻から身、肝を取り出す。身と肝を切り離して、肝にある管状の消化管を取る。
4. 器に身と肝をバランスよく盛り合わせ、木の芽をそえる。

4月の煮物

おしえて！

貝を料理するポイント
貝の消化官には、餌がそのまま残されていることがあります。今は養殖のものがほとんどで、安全とはいうものの、気持ちのいいものではありませんので、丁寧に取りのぞきましょう。

バイガイの盛りつけ方
バイガイは身と肝の食感や味が大きく違う貝ですから、盛りつけるときはそれぞれを混ぜないようにします。また、薬味として一緒に煮込んだ生姜もそえましょう。

木の芽の香りのたたせ方
木の芽は、料理にそえる直前に、両掌（てのひら）をふくらませて木の芽をのせ、ポンと叩くと空気圧によって香りがはじけます。

筍の天婦羅

筍を主役に、天婦羅をつくります。
合わせる食材は、筍の風味を邪魔しない
ものを選びましょう。

主な材料（5人分）

- エビ…15尾　筍…1本　しいたけ…5枚　三つ葉…1束
- 天婦羅の衣…溶き玉子（½）　小麦粉（3カップ）
- 天出汁…出汁（300ml）　濃口醤油（大さじ4）　酒（適量）　鰹節（適量）
- 大根おろし…100ｇ　・揚げ油…適量

したごしらえ

- エビは頭を取って殻をむき、背ワタを取る。
- 筍はアクぬきをする（11頁）。
  皮をむき水洗いをして、食べよい大きさに切る。
- しいたけは軸を取る。
- 三つ葉は2本まとめて軸を指でつぶして輪をつくり、
  葉をまとめて輪に入れ軽く結ぶ。
- 衣をつくる。容器に小麦粉2カップ、溶き玉子を入れて粉が残る程度に混ぜる。
- バッドに小麦粉1カップをひろげる。　・天出汁をつくる（14頁）。

つくり方

1. 筍、エビの順に、水気をきって小麦粉をまぶし、
   衣をつけて170～180度に熱した油で揚げる。
2. 続けてしいたけ、三つ葉も①の手順と同様にして油で揚げる。
3. 器に、しいたけや三つ葉など、やわらかくなりやすいものを
   手前にして盛りつける。大根おろしと天出汁をそえる。

おしえて

サクサクの衣に仕上げるワザ

溶き玉子に氷水を少し加え混ぜて、小麦粉に流し混ぜます。そのときに、少し小麦粉が残っている状態にしておくと、カラッと揚がりサクサクとした食感に仕上がります。

揚げる順番も大切

アツアツをお勧めするためにも、筍が半分揚がったところへ、エビ、続けてしいたけ、三つ葉を加え、それぞれの材料が同時に揚がるように調理しましょう。

4月の揚げ物

烏賊と唐辛子の醤油炒め

イカと青唐辛子を油でさっと炒めて、
ご飯のおともに。

‖ 主な材料（3人分）‖

- あおりイカ（皮をむき取った状態）…1パイ　青唐辛子…9本
- 小麦粉…適量　濃口醤油…大さじ1　酒…大さじ3
- 粉山椒…適量　サラダ油…適量

‖ したごしらえ ‖

- 青唐辛子はヘタの下部分に串を通して穴をあけ、ヘタを取る。

‖ つくり方 ‖

1. イカの両面に隠し包丁を入れ、一口大に切る。
   小麦粉を隠し包丁の切れめにも入れ、全体にまぶす。
2. フライパンを火にかけ油をひいて、強火で青唐辛子を炒めて器に取り出す。
3. もう一度油をひき強火にし、①のイカを入れて、
   焦げめが軽くつく程度に両面を焼く。
4. 酒、濃口醤油を加え、イカに均一に味がからむように炒め、
   ②の青唐辛子を加えてさらに炒める。
5. 仕上がりに粉山椒をふりかけ、器に盛りつける。

4月の炒め物

おしえて

イカを食べやすくする一工夫
イカは歯ごたえがあるので、隠し包丁を入れると食べやすくなり、味もからみやすくなります。

イカをやわらかく仕上げるワザ
イカは中まで熱が通らないほうがやわらかく仕上がります。強火で一気に両面を炒め、手早くつくりましょう。

青唐辛子の破裂を防ぐ
青唐辛子に穴をあけることによって、火を通したときの膨張と破裂を防ぎます。竹串などを利用すると、ついでにヘタも取りやすくなります。

5月

鰈の煮付
かれい　につけ

カレイは淡白な味わいです。
ホロホロとした身に煮汁を付けながら
初夏を味わいます。

‖ 主な材料（3人分）‖

- カレイ…3尾　青唐辛子…9本
- 生姜…1かけ　薄口醤油…大さじ2強　煮きり酒（14頁）…カップ2強
- サラダ油…適量

‖ したごしらえ ‖

- 青唐辛子はヘタの下部分に串を通して穴をあけ、ヘタを取る。
- 生姜は皮をむき、薄切りにする。

‖ つくり方 ‖

1　フライパンを火にかけ油をひいて、強火で青唐辛子を炒めて器に移す。
2　カレイは頭と尾を落とし、真中に切れめを入れ、骨にそって左右に切れめを入れる。
3　両側のヒレ上部にも切れめを入れる。
4　裏返して、表側と同様に切れめを入れる。
5　カレイの両側のヒレを取って、身を半分に切る。
6　鍋に煮きり酒、生姜を入れて火にかけ、煮えばなに薄口醤油で味をととのえてから、カレイを入れてひと煮立ちさせる。
7　①の青唐辛子を加えて味をなじませたら火を止め、器に盛りつける。

5月の煮物

おしえて！

カレイの臭みをとる方法
カレイの皮には独特の臭みがありますので、気になるときは、煮付ける前に皮を削ぎ取っておきましょう。

煮崩れを防ぎ、身のほぐれやすさを利用する
カレイの身は崩れやすいので、煮ているときは触れないようにします。また、身がほぐれやすいので、骨からはずして盛りつけるとより食べやすくなります。骨はかたいので、幼児には必ず骨をはずしてあげましょう。

真蛸と冬瓜の炊き合わせ

タコは夏にさっぱりと頂けるとうがんと炊き合わせます。
冷やしても、あつあつに温めてもお好みで。
タコのかわりに鶏そぼろを出汁で煮含ませて
葛でとじても美味しく仕上がります。

‖ 主な材料（5人分）‖

- タコ…足5本　とうがん…⅕本
- 大根…¼本　出汁…700ml　薄口醤油…大さじ3強　酒700ml

‖ したごしらえ ‖

- タコの掃除が必要な場合は済ましておく（13頁）。
- 大根は皮をむいて半月に切る。

‖ つくり方 ‖

1. とうがんは10cm幅ぐらいの輪切りにし、半月に切ったあと等分にする。
2. 種の部分を切り取り、果肉の部分をさらに半分ほど切って形をととのえる。
3. 皮は緑色が残る程度に薄くむき、皮面の四方に面取りをして、隠し包丁を入れる（11頁）。約15分蒸して、乾かないようラップをかけて余熱を取る。
4. 鍋にタコ、大根、酒、酒と同量の水を入れる。
5. 落し蓋をしてタコがやわらかくなるまで煮たら、薄口醤油で味をととのえる。
6. 別の鍋に出汁を入れてひと煮立ちさせ、③のとうがんを加え、薄口醤油で味をととのえる。
7. とうがんに熱が通ったら火を止めて、そのまま冷ます。
8. ⑤のタコを食べやすい大きさに切る。器にタコ、とうがんの順にバランスよく盛り合わせる。大根は盛りつけない。

おしえて！

とうがんを美味しくする方法
とうがんは、蒸すことで余分な水分を飛ばし、仕上がりに旨味が増します。また、中まで熱が通るので味がしみこみやすくなる効果があります。

タコをやわらかくするワザ
大根には、タコをやわらかくし、味を早くしみこませる効果があります。

タコととうがんの相性
とうがんは淡い味が持ち味です。タコと対照的な食感と味を楽しみます。

5月の炊き合わせ

和布と胡瓜の酢の物
<small>わかめ きゅうり す もの</small>

酢の物は、季節の食材やご家庭にある
食材を使ってつくれる献立です。
ほかに大根や春先にはうど、
貝類や海藻などとともに和えるのもお勧めです。

‖ 主な材料（5人分）‖

- 釜揚げちりめんじゃこ…80ｇ　わかめ（水に戻したもの）…300ｇ
  きゅうり…1本
- 薄口醤油…大さじ1強　酢…小さじ2　生姜…1かけ

‖ したごしらえ ‖

- きゅうりは、輪切りにして水にさらす。　・ 露生姜（15頁）。

‖ つくり方 ‖

1. わかめの茎を切り取り、長さをそろえながら葉にあたる部分を切る。
2. 葉の部分をまとめて、2cm幅に切る。
3. 容器に②を入れて、薄口醤油（適量）を入れて味をなじませる。
4. 別の容器に水気をきった③の和布を入れて、
   薄口醤油、酢、露生姜を加えて軽く和える。
5. 釜揚げちりめんじゃこを加え、均一になるようにさらに混ぜ
   器に盛りつける。

わかめの茎を切る

長さをそろえて切る

おしえて！

わかめの口当たりをよくする方法
わかめの端には、かたい茎の部分があります。普段は取らずに調理していることと思いますが、口当たりが気になる場合は、茎を切り取ってから調理してみましょう。

涼感を演出する食材
わかめの冷たい感触と酸味のきいた味は、夏に向かって美味しさが増します。きゅうりの香りや歯ざわり、じゃこの風味がいっそうの涼感をさそいます。

なまり節とふきの炊き合わせ

なまり節は、生のカツオからつくる加工食品。

しっとりとした食感を保つために、

葛でとじて出汁と旨味をとじこめます。

‖ 主な材料（3人分）‖

- なまり節…背1本　ふき…3本
- 煮汁A…出汁（500ml）　濃口醤油…大さじ4 ½
- 煮汁B…出汁（300ml）　薄口醤油…大さじ2
- 片栗粉…適量　生姜…1個　灰アク汁…適量

‖ したごしらえ ‖

- なまり節は、箸で取りやすい大きさに切る。
- ふきは、アクぬきをしてから筋を取り（12頁）、食べやすい長さに切る。
- 生姜は½を輪切りに、残りはおろし生姜にする。

‖ つくり方 ‖

1. なまり節に、片栗粉を薄く均一につける。
2. 鍋に煮汁A、輪切りにした生姜を入れて火にかける。沸騰したら①を入れて味を煮ふくませる。
3. 別の鍋に煮汁B、ふきを入れて煮ふくませる。
4. 器になまり節、ふきを盛りつけて、おろし生姜をそえる。

5月の炊き合わせ

おしえて

なまり節のパサパサの食感をおさえるコツ

なまり節は旨味がギュッとつまった魚の加工品ですが、調理の仕方を間違えるとパサパサとした食感が際立ってしまいます。煮物にするときは、片栗粉をつけてから調理し、サラダなどに用いるときは、サラダ油や胡麻油などを活用することをおすすめします。

ふきの筋を取るタイミング

ふきの筋は、茹でてアク抜きをして、水にさらしてから端をめくってむくと、綺麗に取りのぞくことができます。筋は、必ずアク抜きをしてから取りましょう。

6月

鹿角菜と夏牛蒡、
鶏肉の煮物

日常の食生活に、素朴ながら

慈味のある料理を取り入れると、心が落ち着きます。

鶏モモ肉のかわりに、油揚げを使ってもよく合います。

‖ 主な材料（3人分）‖

- 鶏モモ肉…70ｇ　ごぼう…1本　ひじき（乾燥）…300ｇ
- 出汁…200ml　薄口醤油…小さじ4
- サラダ油…適量

‖ したごしらえ ‖

- 鶏肉は小さく切る。
- ごぼうは笹がきにして水にさらす（10頁）。
- ひじきをもどし（12頁）、食べよい長さに切る。

‖ つくり方 ‖

1. 鍋を火にかけて油をひき、水気をきったごぼうを軽く炒める。続けて鶏肉を加えて、表面が白くなるくらいまで炒める。
2. ひじきを加えて、しゃもじやヘラなどで混ぜながら軽く炒める。
3. 出汁を加えて煮立ってきたら、薄口醤油で味をととのえて煮ふくませる。

ごぼうと、鶏肉を炒める

出汁を入れる

おしえて！

食材の相性
薄揚げと鶏モモ肉は旨みが強い食材です。おたがいの持味が合わないので、料理の具材として合わせないほうがいいでしょう。

よいひじきとは？
ひじきを選ぶときは、色が黒く太いものを選びます。全体的に色がくすんだり、折れているひじきが多いものは避けましょう。

スナップエンドウと厚揚げの煮物

スナップエンドウは、サラダだけではなく、
厚揚げなどコクのある食材と煮てもよいでしょう。

‖ 主な材料（3人分）‖

- 厚揚げ豆腐…2枚　スナップエンドウ…200ｇ
- 出汁…400ml　薄口醤油…大さじ3

‖ したごしらえ ‖

- 厚揚げを食べよい大きさに切る。
- スナップエンドウは、さやの筋を完全に取る（11頁）。

‖ つくり方 ‖

1　スナップエンドウは茹でて、色が鮮やかになったらすぐに水にさらす。水気をきって食べよい大きさに切る。

2　鍋に出汁、薄口醤油を入れて火にかけ、煮えばなに厚揚げを加える。落し蓋をして、吹きこぼれない程度の火加減で味を煮ふくませる。

3　厚揚げに味がしみこんだら①を加え、もう一度落し蓋をして、吹きこぼれない程度の火加減で、ひと煮立ちさせる。

4　器に彩りよく盛りつける。

茹でたら水にさらす

厚揚げを加える

スナップエンドウを加える

おしえて

歯ごたえをそこなわないコツ

スナップエンドウは、短時間でしたごしらえや調理をしましょう。また、厚揚げにしっかりと味をふくませてから、煮るのがコツです。

韮の玉子とじ

にらの玉子とじは、忙しいときでも
手短かにつくれるメニューの一つです。

‖ 主な材料（3人分）‖

- にら…5束　溶き玉子…3個分
- 出汁…200ml　薄口醤油…大さじ1 強

‖ つくり方 ‖

1. にらは食べよい長さに切る。
2. 鍋に出汁、薄口醤油、にらの芯（かたい部分）を入れて、やわらかくなるまで煮る。
3. にらの葉の部分を加えて熱が通ったら、溶き玉子をまわしながら流し入れる。
4. 玉子が半熟のうちに火を止めて、余熱を使って玉子をかため、器に盛りつける。

芯のほうから煮る

半熟のうちに火を止める

おしえて

食感を際立たせる方法

にらのシャキシャキとした食感や、玉子をトロッとした口当たりに仕上げるには、短時間で調理しましょう。火にかけてからのスピード感が大切です。

新生姜の炊き合わせごはん

新生姜はやわらかく、香りも爽やかです。
梅雨に入りジメジメとした日のひと品に。
お米を土鍋で炊くと、
ご飯の美味しさと香ばしさを味わえます。

‖ 主な材料（5人分）‖

- 新生姜（細切り）…½カップ強　米…3合
- 出汁650ml　薄口醤油…大さじ4　酒（お好みで）…適宜

‖ したごしらえ ‖

- 米はといだあと水に30分ほど浸けておき、ザルにあげて水気をきる。

‖ つくり方 ‖

1　釜に米、出汁、薄口醤油、生姜、好みで酒を入れて炊く。
2　炊きあがったら、よくむらす。
3　すぐに混ぜ合わせて、器に盛りつける。

米、生姜、出汁を入れて炊く　　炊きあがったら、よくむらして、すぐに混ぜ合わせる

おしえて

毎日ごはんに季節感を取り入れる方法

炊き込みご飯は、どなたにも好かれることから種類も多く、五目（ごもく）ご飯、鯛ご飯、筍ご飯と各季節にそれぞれのご飯があります。季節の節目に合わせたご飯は、毎日の食卓にも変化をもたらします。

7月

揚出し豆腐
  あげ だ どう ふ

酒の肴としても人気のある揚げ出し豆腐。
身近なものを使って四角いものを丸く、形をつくります。
アクセントに小口切りにした青唐辛子をそえると、
大根おろしとの彩りが爽やかです。

‖ 主な材料（2人分）‖

- 木綿豆腐…1丁　青唐辛子…4本
- 出汁…大さじ4　濃口醤油…大さじ1
- 小麦粉…適量　大根おろし…40ｇ
- サラダ油…適量

‖ したごしらえ ‖

- 豆腐は2つに型ぬきをしてから、斜めにした平たい板の上において水気をしっかりきる（12頁）。
- 青唐辛子は、洗って小口切りにする。

‖ つくり方 ‖

1　豆腐全体に、小麦粉を均一につける。
2　180度くらいに熱した油で、①をキツネ色になるまで揚げる。
3　別の鍋に出汁、濃口醤油を入れて、ひと煮立ちさせる。
4　器に②の一人分の豆腐を盛りつける。
　　大根おろし、小口切りにした青唐辛子をそえて、③の出汁を注ぐ。

7月の揚げ物

おしえて！

豆腐を丸くする方法

丸い型ぬきがないときは、身近にあるもので。いらなくなった茶缶の蓋に、穴を数ヵ所あけると、型ぬきとして用いることができます。

揚出し豆腐を美味しくするコツ

豆腐に余分な水分が残っていると、時間が経つと水分が出て水っぽくなります。揚出し豆腐の外側の香ばしさがそこなわれ、出汁も薄くなることもあるので、水分はしっかりときりましょう。

油目の琥珀揚げ
<small>あぶらめ　こ　はく　あ</small>

脂がのりはじめたアブラメを、
カラッと素揚げにして、旨味をとじこめます。

主な材料（4人分）

- アブラメ…3〜4きれ（400ｇ）　おくら（小振りなもの）…8本
- 天出汁…出汁（250ml）　濃口醤油（大さじ3強）
- 葛粉…1カップ　大根おろし…160ｇ
- 揚げ油…適量

したごしらえ

- アブラメは骨が残っている場合は骨ぬきをする（13頁）。
- おくらは、軸を切り取る。
- 吉野葛は指が通らぬほどのかたさに水で溶く。
- 天出汁をつくる（14頁）。

つくり方

1. アブラメをひと口大に切って、水溶きした葛粉をつけて160度に熱した油で揚げる。
2. 続けておくらも葛粉をつけて、油で揚げる。
3. 器にアブラメ、おくらを盛りつけ、大根おろしをそえる。天出汁は別の器に入れる。塗り皿の場合は懐紙（和紙）を敷くとよい。

おしえて

いつもと違う天婦羅にする方法

水溶きした葛を食材につけて、油で揚げることを琥珀揚げといいます。天婦羅と異なり、葛が素材を包み込むので、揚がったときのしっかりとした歯ざわりが特長です。油で揚げるとき、葛がはねるので注意してください。

おくらの裏ワザ

おくらは、軸をきりっぱなしにしないで、角の面取りをしてみましょう。見た目もよいですが、かたい部分を取ると火が通りやすく、食べたときの口当たりがやさしくなります。

7月の揚げ物

馬鈴薯と鶏のささみの酢の物

馬鈴薯とはじゃがいものこと。
さっと湯にくぐらせて酢の物に。

‖ 主な材料（6人分）‖

- 鶏ささみ…1本　じゃがいも…大2個　三つ葉…2束　黒胡麻…小さじ1½
- 塩…ひとつまみ
- 合わせ酢A…出汁（100ml）　薄口醤油（小さじ1）　レモンの絞り汁（少量）
- 合わせ酢B…薄口醤油（小さじ2）　レモンの絞り汁（小さじ½弱）

‖ したごしらえ ‖

- じゃがいもは皮をむいて、水にさらす。
- 三つ葉は葉をむしって、軸を熱湯にくぐらせる程度に茹でて、食べよい長さに切る。
- 合わせ酢A・Bをそれぞれ別の容器で混ぜておく。

‖ つくり方 ‖

1. 鍋に出汁、塩、ささみを入れて茹でる。容器に茹で汁を少々入れて、ささみを細かくほぐす。
2. じゃがいもは薄切りにしてから、せん切りにして水にさらす。
3. 別の鍋で沸騰させた湯に②を入れて茹で、半透明になったら湯をきって、合わせ酢Aに入れて味をふくませる。
4. 合わせ酢Bに、ささみ、③のじゃがいも、三つ葉を入れて軽く和え、黒胡麻を加えてさらに和えてから、器に盛りつける。

7月の酢の物

おしえて❗

じゃがいもをサラダ感覚の酢の物に変身させる

シャキシャキとした歯ざわりが、じゃがいもとは思えない感じで、れんこんかとも思えてしまいます。サッと湯を通して、合わせ酢に漬けるときは、酢の量を少なくして淡く感じる程度にするのがコツです。

枝豆の冷汁

枝豆をスープにして、夏の香りを頂きます。
出汁と醤油で軽やかに。

‖ 主な材料（3人分）‖

- 枝豆…1ネット　白玉粉…大さじ4
- 出汁…480ml　薄口醤油…大さじ1

‖ したごしらえ ‖

- 枝豆を茹で、さやから出して、薄皮を取る。　・椀は冷やしておく。

‖ つくり方 ‖

1. 枝豆を擂り鉢でよくすって（フードプロフェッサーでも可）、漉し器で漉す。
2. 容器に①を入れ、出汁を少しずつ加えながら、サラッとなる程度までのばす。薄口醤油を加えて軽く混ぜたら、冷蔵庫で冷やしておく。
3. 別の容器で白玉粉をねって、白玉団子をつくる。少し平たい形のほうがよい。
4. 沸騰させた湯に③を入れて茹で、浮いてきたら水にさらす。
5. 冷やしておいた椀に④の白玉、②の冷汁をはる。

出汁でのばす

茹でた白玉を水にさらす

おしえて！

サラッとした口当たりに仕上げるのがコツ

枝豆をペースト状にするには、フードプロフェッサーを用いても結構ですが、枝豆の薄皮は取りのぞきましょう。また、出汁でのばす際は、出汁が少ないとのどがイガイガしますので、ご家庭でつくる味噌汁くらいまでのばしてください。この料理は、お子様にも大変喜ばれますので、一度お試しあれ。

8月

精進のおから
しょうじん

おからは、出汁をたっぷり使って仕上げましょう。
お盆の時季に合わせて精進にしました。
しょうじん
精進以外のときは、鶏肉などを加えると風味が変化します。

主な材料（3人分）

- おから…ほかの具材の総量と同量　れんこん…½本　ごぼう…3本
  しいたけ…8枚　三度豆…150ｇ　薄揚げ…⅔枚　ねぎ…1本
- 精進出汁（14頁）…具材の倍量　薄口醤油…大さじ2
- サラダ油…適量　灰アク汁…適量

したごしらえ

- れんこんは皮をむき、縦に切って水にさらす。
- ごぼうは笹掻いて水にさらす（11頁）。
- しいたけの軸を切り取り、薄切りにする。
- 三度豆は食べよい長さに切って、
  灰アク汁を入れた熱湯で茹でてアクをぬく（11頁）。
- ねぎは洗って、1cm幅くらいに切る。

つくり方

1. フライパンは油をひかずに火にかけ、薄揚げの両面を焼き、細く切る。
2. 深めの鍋を火にかけて油をひき、ごぼう、しいたけを軽く炒めたあと、
   れんこん、三度豆、薄揚げを加えてさらに炒める。
3. 具材の2倍の高さまで、精進出汁を加えて煮立たせ、
   薄口醤油、おからを加えて弱火でよく混ぜ合わせる。
4. 均一に火が通り、出汁が煮ふくんだら火を止め、
   ねぎを加えて軽く混ぜ合わせる。

8月の煮物

おしえて！

おからを美味しく仕上げるポイント

おからの質が味を左右するので、豆腐屋さんから質のよいもの（色が白く綺麗）を手に入れることです。湯葉屋さんのおからも、良質でお勧めです。

芋茎と小芋の炊き合わせ

ずいきと小芋は夏に旬を迎えます。
ずいきは里芋の茎のことで、シャキシャキとした食感と
さっぱりとした風味が、夏の盛りには好まれます。
素材を生かして薄口醤油で味を煮ふくませます。

‖ 主な材料（3人分）‖

- ずいき…3本　小芋…15個
- 煮汁A…出汁（150ml）　薄口醤油（小さじ2）
- 煮汁B…出汁（180ml）　薄口醤油（小さじ5）
- ゆず…1個
- 米ぬか…適量

‖ したごしらえ ‖

- ずいきはアクぬきをしてから、やわらかく茹でる（12頁）。
- 小芋は軽く茹でて皮をむき、米ぬかでやわらかく茹でておく（12頁）。
- ゆずの皮を、せん切りにする（11頁）。

小芋は茹でてから皮をむく。

‖ つくり方 ‖

1　鍋にずいき、煮汁Aを入れて、ひと煮立ちしたら火を止めて味をふくませる。

2　別の鍋に小芋、煮汁Bを入れて、コトコトと煮て味をふくませる。

3　器にずいき、小芋を盛り合わせ、ゆずの皮をそえる。

おしえて！

「炊き合わせ」にするワケ

ずいきと小芋では、素材に味をふくませる時間が異なりますので、別々に調理してから合わせるのがポイントです。このような調理方法を、炊き合わせ（煮合わせ）といいます。

8月の炊き合わせ

胡麻豆腐
ごまどうふ

8月は精進の月。
市販のねり胡麻を使って、
胡麻豆腐をつくります。

‖ 主な材料（5人分）‖

- 練胡麻…1カップ（200ml）　葛粉…1カップ（200ml）　塩…ひとつまみ
  水…400ml
- 加減醤油（15頁）…出汁（180ml）　濃口醤油（大さじ2強）
- 三つ葉…1束　山葵…適量

‖ したごしらえ ‖

- 三つ葉は葉をむしってから軸を茹でて、2cmくらいの長さに切る。
- 山葵はすりおろしておく（15頁）。

‖ つくり方 ‖

1. 容器に水、練胡麻、塩を入れてよく混ぜて、漉し器で漉す
   （目は多少あらくてもよい）。
2. 鍋に①を入れて強火にかけ、焦げつかないようにヘラでかき混ぜる。
3. かたまりはじめたら弱火にして、ねばりがでるまで練り続け、
   ヘラを動かしたときに、筋の形が残るくらいになったら火を止める。
4. 流し缶に③を流し入れ、表面が均一になるようにととのえる。
   平らなものをのせて（流し缶の中枠でもよい）、そのまま冷ます。
   底の熱がにげやすいよう、流し缶両側下に板などをおくとよい。
5. 器の大きさに合わせて切って盛りつける。
   三つ葉、山葵をそえて加減醤油を横からそそぎ入れる。

おしえて！

じょうずにつくるポイント

胡麻豆腐を手づくりするときは、練胡麻と葛粉を同量にします。葛粉が少なすぎると形が崩れやすく、また多いと仕上がりがかたくなります。ほどよい口当たりに仕上げるには、葛粉の分量が決め手となります。

加減醤油のあしらい方

醤油類は料理の上からかけると、全体に味が染み込んでしまい、また見た目もよくありません。器の横からそそぎ入れることで、それを防ぐことができます。

鯵の南蛮漬

脂ののったアジは、南蛮漬にして。
骨付きのままブツ切りにして素揚げし、
ピリッと辛い南蛮酢に漬けます。

‖ 主な材料（5人分）‖

- アジ…5尾　青唐辛子…5本
- 漬け汁…出汁（500ml）　薄口醤油（125ml）　酢（大さじ2弱）
  ねぎ（白い部分1本）　たかのつめ（1本）
- 塩…ひとつまみ　サラダ油…適量

‖ したごしらえ ‖

- 青唐辛子は、ヘタの下部分に串を通して穴をあけて、ヘタを取る。
- ねぎは半分に切って、焼いて焦げめをつける。
- たかのつめは、ヘタを切って辛さの原因となる中の種を出す。
- 漬け汁の調味料を合わせ、ねぎとたかのつめを入れる。

‖ つくり方 ‖

1　アジは、尾尻の両面にあるゼイゴを切り取ってから、
　　頭、ワタを取り、ぶつ切りにする。
2　水で腹の中や表面を洗ったあと、水気をしっかりと取る。
3　160〜180度に熱した油で素揚げする。
　　表面がカリッとなったら油からあげる。
4　容器に漬け汁、③のアジを入れて、味をふくませる。
5　フライパンを火にかけ油をひき、青唐辛子を炒める。
　　少しかたい程度で容器に移して塩をふる。
6　器に④のアジを盛りつけ、⑤の青唐辛子をそえる。

8月の揚げ物

おしえて

アジのしたごしらえ

アジにはゼイゴとよばれる、ウロコがかたくなった筋があります。南蛮漬以外の料理でも、必ず取りのぞいて調理をしてください。夏は背の青い魚が美味しい季節です。栄養が豊富な魚で、夏負けしない毎日を。

9月

油目と豆腐の煮付
　あぶらめ　とうふ　につけ

盛夏に美味しさのピークをむかえたあとのアブラメは、
素材を活かしたシンプルな調理方法よりも、
煮付にして味を煮ふくませるほうが美味しく頂けるように思います。
アブラメ以外にスズキでも合います。

主な材料（3人分）

- アブラメ…1尾　豆腐…1丁　ねぎ…3本
- 濃口醤油…大さじ2　煮きり酒（15頁）…200ml　生姜…1かけ

したごしらえ

- アブラメは骨が残りやすいので、必ず骨ぬきをする（13頁）。
- 豆腐はザルにあげて水をきる。
- ねぎは斜め切りにする。
- 生姜は薄切りにする。

つくり方

1. アブラメを食べよい大きさに切る。
2. 鍋に生姜、煮きり酒、濃口醤油を入れ火にかけて、汁が煮立ってから①のアブラメを加え、落とし蓋をして強火で煮る。
3. 豆腐を食べよい大きさに切る。
4. ②が煮えたら、アブラメを鍋の片方に寄せて、③の豆腐、ねぎを加え、落とし蓋をして強火でさらに煮あげる。
5. 豆腐に熱が通ったら火を止めて、落とし蓋を取り、器に盛りつける。

9月の煮付

おしえて！

アブラメのあつかいとコツ

魚の中でもアブラメは、鮮度が落ちやすいので、すぐに調理しましょう。またアブラメのように煮崩れしやすい魚は、かき混ぜたりせず、手早く調理します。そのためにも、強火で一気に仕上げましょう。

小芋の唐揚げ

味を煮ふくませた小芋を、カラッと揚げて香ばしく。
すだちやレモンをそえて、小芋の風味を引き立てます。
小芋はひきしまったものを選びましょう。

‖ 主な材料（3人分）‖

- 小芋…12個　すだち（レモンでも可）…1個半
- 出汁…300ml　薄口醤油…大さじ2強　小麦粉…適量
- 揚げ油…適量　米ぬか…適量

‖ したごしらえ ‖

- 小芋は軽く茹でて皮をむき、米ぬかでやわらかく茹でる（12頁）。
- すだちは上下を落とし、タテヨコ4つに切る。

‖ つくり方 ‖

1. 鍋に出汁、薄口醤油、小芋を入れて味を煮ふくませてから、ザルにあげて汁気をきる。
2. バッドなど平たい容器に小芋を移し、小麦粉をハケで均一につける。
3. 160度に熱した油で、小芋をきつね色になるまで揚げたら、油から取り出して、余分な油をきる。
4. 器に小芋を盛りつけて、すだちをそえる。器が塗り物のときは、懐紙などを敷く。

9月の揚げ物

おしえて

小芋を美味しくカラリと揚げるコツ

小芋につける小麦粉は、厚過ぎたり、むらがあると油を余分に吸い、また頂いたときの口当たりがよくありません。ひと手間かけく、ハケを使うとよい加減に仕上がります。小芋と油は相性がよく、別趣の旨味が生まれます。表面がカラリと揚がるよう、油温を一定に保つよう気を付けましょう。

胡瓜と椎茸の合い混ぜ

夏中活躍していたきゅうりは、初秋になると皮がかたくなり、
口当たりがやさしくありません。
それに合った調理方法で、美味しく仕上げます。
味付けには市販のものも役立てます。
練胡麻は万能な調味料ですから、常備しておくとよいでしょう。

‖ 主な材料（3人分）‖

- きゅうり…2本　干しいたけ…8枚
- 出汁…150ml　薄口醤油…大さじ1
- 和え衣…練胡麻（小さじ2）　出汁（大さじ1）　薄口醤油（小さじ½弱）　酢（小さじ½）　砂糖（適宜）
- 塩…適量

‖ したごしらえ ‖

- 干しいたけは一晩水にさらして、もどしておく（12頁）。
- 和え衣の調味料を、よく混ぜ合わせる。

‖ つくり方 ‖

1. きゅうりは両端の先を切って、かたい部分の皮をむく。縦半分に切って種を取りのぞいたら薄切りにする。
2. 容器に①のきゅうりを移して塩を加え、しんなりするまで揉む。
3. 水を入れた別の容器に、②をさらして余分な塩分を取り、ザルにあげて水気をきる。
4. ③をキッチンペーパーなどで包み、かたく絞ってさらに水気をきる。
5. 鍋にしいたけ、たっぷりの水を入れて火にかけ、やわらかく茹でてから取り出し、薄切りにする。
6. 別の鍋に⑤のしいたけ、出汁、薄口醤油を入れて火にかけ、味を煮ふくませたら汁気をきって、さらに絞る。
7. 別の容器にきゅうりとしいたけを入れて、和え衣を加えてよく和え、器に盛りつける。

おしえて

秋のきゅうりのあつかい方と、合い混ぜを美味しく仕上げるワザ

秋口のきゅうりは皮がかたく、種も大きくなっています。そのまま調理すると、口にさわりますので、皮のかたい部分をむき、種を取りのぞいてから調理しましょう。また、合い混ぜは、きゅうり、椎茸ともに布巾などに包み、キリキリと水分をよく絞ってから混ぜます。

9月の和え物

豚角煮
ぶたかくに

豚の角煮は、圧力鍋がなくても
ご家庭でつくることができます。
下茹でがすべてとなる料理で、少し時間がかかりますが、
手づくりはまた格別の味わいです。

‖ 主な材料（3人分）‖

- 豚の三枚肉（バラ肉）…300g ・ おから…100ｇ
- 濃口醤油…大さじ4　たまり醤油…大さじ2　煮きり酒（14頁）…480ml
  砂糖…大さじ2　生姜…1かけ
- 溶き辛子…適量

‖ したごしらえ ‖

- 豚肉は柵状に切る。
- 生姜は薄く輪切りにする。

‖ つくり方 ‖

1. 大きめの鍋に豚肉、おから、水をたっぷり入れ、キッチンペーパーで落とし蓋をして、途中で差し水をしながら、弱火で3〜4時間茹でる。
2. 脂身に筋が入り、肉に串がスッと入るぐらいになったら火を止める。
3. 鍋ごとシンクに持っていき、余分な脂、おからを水で流し洗う。
身が崩れやすいので、布巾やキッチンペーパーなどを使って、ホース状にするとよい。
4. 水の濁りが取れたら、豚肉を食べよい大きさに切る。
5. 別の鍋に豚肉、濃口醤油、たまり醤油、煮きり酒、砂糖、生姜を入れ、キッチンペーパーで落とし蓋をして火にかける。
煮え立ったら火を止めてそのまま味をしみこませる。
6. もう一度温めてから器に盛りつけ、溶き辛子をそえる。

9月の豚肉料理

おしえて！

おからを使うワケ

豚の三枚肉は、肉がかたく脂がしっかりのっている肉です。した茹でをするときに、おからを入れると、湯の密度が高まり高温を保てるので、短時間で肉をやわらかくします。また、おからが脂を吸収する効果があるので、余分な脂を肉にもどすことがありません。

10月

銀杏ごはん
ぎんなん

ぎんなんは、米と一緒に炊くとホクホクします。
煎ったぎんなんと、またひと味違う風味を楽しみましょう。

主な材料（5人分）

- ぎんなん…30粒　米…3合
- 出汁…650ml　薄口醤油…大さじ4　酒（好みで）…適宜

したごしらえ

- ぎんなんは殻から実を出し、薄皮ごと水にさらす（10頁）。
- 米はといで、水に30分漬け、ザルにあける。

つくり方

1. ぎんなんは薄皮をむき、鍋で水から茹でる。
   大きくなったら火を止めて水にさらす。
2. 釜に米、①のぎんなん、出汁、薄口醤油、好みで酒を入れて炊く。
3. 炊きあがったら混ぜ合わせて、器に盛りつける。

ぎんなんは水から茹でる

水にさらす

おしえて！

薄皮をとる裏ワザ

火を通す前のぎんなんの薄皮は、実にはりついてむきづらいものですが、少しの間水に浸しておくと、綺麗にむくことができます。

炊く前に茹でる

生のままのぎんなんは、米と一緒に炊いても、あまりやわらかくなりませんので、あらかじめ茹でておきましょう。

10月のごはん

船場汁
せんばじる

船場汁とは、大阪の問屋街船場で生まれた料理で、
塩サバと分厚く短冊に切った大根を一緒に煮て、
薄口醤油で味をととのえたものです。
本来はサバのアラだけを使った料理ですが、
一口大に切った身を入れて「おかず」のひと品としました。

主な材料（5人分）

- サバ（身、アラ）…半身　大根…⅓本
- 昆布2片　薄口醤油…小さじ1　塩…適量　水…900ml
- 胡椒…適量

したごしらえ

- サバは魚屋でアラと身を分けてもらう。
- サバの身、アラは塩をふり、冷蔵庫で6時間ほどなじませる。
- 大根は短冊に切る。

つくり方

1. アラは等分に切り、ヒレは取りのぞく。霜降りをして（13頁）水にさらしたら、ザルにあげて水気をきる。
2. サバの身は一口大に切る。
3. 鍋に水、昆布、①のアラ、大根を入れて火にかけて、煮立ったら昆布を取り出す。
4. ②のサバを加えて熱が通ったら、塩、薄口醤油を加えて味をととのえる。
5. 椀に盛りつけて胡椒をふる。

水から火にかけて、煮立ったら昆布を取り出す

おしえて！

アラの臭みをふせぐ方法
魚のアラは、鮮度のよいものを選びます。また、アラの処理に手を抜くと臭みが勝ってしまいますので、必ず霜降りをしてください。

よいサバの見分け方
サバは腹をさわって、かたくしっかりとしているものを選びます。カマスも同様です。

湯葉と鱸の炊き合わせ

温かいものが食べたくなるこの時季に、
スズキと湯葉を炊き合わせてアツアツを頂きましょう。
生湯葉は、
干し湯葉でも代用できます。

主な材料（3人分）

- スズキ…2きれ（150g）　生湯葉（干し湯葉でも可）…3枚
- 煮汁A…煮きり酒（300ml　14頁）　薄口醤油（大さじ2）
- 煮汁B…出汁（150ml）　薄口醤油（大さじ1）
- 生姜…1かけ　ゆず…¼個　竹皮ひも…3本

したごしらえ

- スズキは食べよい大きさに切る。
- 生姜はせん切りにする。
- ゆずは皮をせん切りにする（11頁）。

つくり方

1. 鍋に煮きり酒、生姜を入れて火にかけ、煮立ってきたらスズキ、薄口醤油を加えて落し蓋をする。ひと煮立ちしたら火を止める。
2. 生湯葉を広げて、半分に切って重ね、竹皮ひもでゆるめに結ぶ。竹皮は片方を短くしておく。
3. 別の鍋に②の湯葉と煮汁Bを入れる。キッチンペーパーなどで落し蓋をして火にかけ、ひと煮立ちしたら火を止める。
4. ③の湯葉を熱いうちに引き上げて、竹皮を取ってから一口大に切る。
5. 器の片方にスズキを生姜ごと盛りつけ、もう片方に湯葉を盛りつけて、ゆずをそえる。

おしえて

湯葉は手早く、煮すぎないようにがポイント

湯葉は煮すぎるとかたくなり、風味がそこなわれますので、サッと煮るのがポイントです。また、鮮度が大切なスズキも、湯葉と同様に手早く煮ましょう。

玉子宝楽焼
たまごほうらくやき

季節の食材を玉子でとじてフワフワに。
ご家庭にある耐熱皿を活用して。

10月の玉子料理

‖ 主な材料（2人分）‖

- 焼きアナゴ…1枚　エビ…3尾　玉子…3個　ぎんなん…6粒
  ゆりね…10片　しめじ…⅓パック　三つ葉…½束
- 薄口醤油…小さじ2

‖ したごしらえ ‖

- アナゴは、1.5cm幅ぐらいに切る。
- エビは頭、背ワタを取って洗う。
- ぎんなんは殻から実を出し、薄皮ごと水にさらす（10頁）。
- ゆりねは1片ずつはがして水にさらす。
- 三つ葉は、葉をむしってから軸を2cmぐらいに切る。
- しめじは石づきを切って1本ずつにする。8本くらいが目安。

‖ つくり方 ‖

1. 鍋にゆりね、水を入れてやわらかく茹でる。
2. ぎんなんは薄皮をむき、別の鍋で水から茹でて、大きくなったら水にさらす。
3. エビは、尾を切ってからタテ半分に切る。
4. 耐熱皿にぎんなん、アナゴ、ゆりねをのせてからエビ、しめじをのせる。
5. 容器に玉子を割って溶き、薄口醤油を加えて混ぜたら、④にまわしかける。三つ葉を散らして、230度に温めたオーブンで、表面が焦げるくらいまで焼く。

おしえて！

季節ごとに応用がきくメニュー

これは、たいへん美味しい玉子料理です。春ならシラウオやメバル、夏はアブラメやハモもよく、野菜も笹がきごぼうを入れたりと、工夫のできる楽しみがあります。高温で一気に焼きあげますが、焼きすぎないように気をつけましょう。

11月

壬生菜と粟麩の炊き合わせ

みぶなのシャキシャキ感と、
粟麩のモチモチ感を楽しみます。

‖ 主な材料(3人分) ‖

- みぶな…1束　粟麩…1本
- 出汁…700ml　薄口醤油…大さじ4強
- 揚げ油…適量

‖ したごしらえ ‖

- 壬生菜は熱湯で色よく茹でて、食べよい長さに切る。
- 粟麩は食べよい大きさに切る。

‖ つくり方 ‖

1. 粟麩を160〜180度に熱した油で揚げ、きつね色になったら引きあげ油をきる。
2. 鍋に出汁400ml、薄口醤油を大さじ2強、①の粟麩を入れてひと煮立ちさせる。
3. 別の鍋に出汁300ml、薄口醤油大さじ2、みぶなを入れてひと煮立ちさせる。
4. 温めた器に、②の粟麩と③のみぶなを盛りつける。

キツネ色に揚げる

おしえて！

粟麩を上手に揚げるコツ

粟麩を揚げるときは、油に1個ずつ入れ、寄り付かないようにします。揚げているときに一度くっつくと形が崩れてしまうので、箸で離しながら揚げてください。

壬生菜のシャキシャキ感を保つ方法

壬生菜のようにやわらかい野菜は、したごしらえや調理を短時間で済ませます。また、同じ鍋で煮るとおたがいの風味をそこなうので、煮合わせにします。

丸大根と海老の炊き合わせ

大根とエビを、
昆布と煮きり酒をきかせた出汁で炊き合わせます。
ここでは京野菜の丸大根を使いましたが、
通常の大根でも結構です。

‖ 主な材料（5人分）‖

- エビ…5尾　丸大根¼個
- 昆布…10×5cm　薄口醤油…大さじ5強　水…1ℓ
- 煮汁A…煮きり酒（200ml　14頁）　薄口醤油（小さじ4）
- 小麦粉…適量
- ゆず…½個

‖ したごしらえ ‖

- エビは頭、背ワタを取り、尾、殻をむく。
- ゆずは皮をせん切りにする（11頁）。

‖ つくり方 ‖

1　大根は食べよい大きさに切って、筋が残らないように皮をむき（10頁）、大きさをととのえてから面取りをする（10頁）。
2　鍋に水、昆布、大根を入れ、落し蓋をして火にかけ、やわらかくなるまで茹でたら、薄口醤油を加えて味をふくませる。
3　エビは背をひらいて、半分に切ったら小麦粉をまぶす。
4　別の鍋に煮汁Aを入れて煮立たせ、③のエビを加えて熱を通す。
5　器に②の大根、④のエビを盛りつけ、ゆずをそえる。

11月の煮炊きもの

おしえて

大根を美味しくするしたごしらえ

大根やかぶらに筋が残っていると、口の中で筋だけが残ることもあるので、皮は必ず厚めにむきましょう。ピューラーも便利ですが、この場合は包丁で筋までむき取っているか確かめながら、皮をむくほうが確実です。そして、した茹では必ずやわらかくなるまで熱を通すのがコツです。

はたと豆腐の酒蒸し

ハタはナメラ、クエ、アラとも呼ばれるようで
種類、分類が多岐にわたる魚です。
酒蒸しにして、橙色に色付いたゆずの風味とともに頂きましょう。

‖ 主な材料（3人分）‖

- ハタ…2〜3きれ（300ｇ）　豆腐…½丁　しいたけ…3枚　ゆず¼個　昆布…5cm角
- 出汁…300ml　薄口醤油…大さじ2強　酒…適量

‖ したごしらえ ‖

- ハタは太い骨がある場合、骨抜きでぬく(13頁)。両面に塩を均一にふり、3〜4時間冷蔵庫に入れてなじませる。
- 豆腐は水きりをしておく。
- しいたけは軸を切り取る。
- ゆずは輪切りにして種を取る。

‖ つくり方 ‖

1. ハタは食べよい大きさに切り、霜降りをして、水にさらす(13頁)。
2. 鍋に出汁、豆腐、しいたけを入れて火にかけ、煮立ったら薄口醤油で味をととのえる。火を止めてそのまま味をふくませる。
3. 平たい容器に昆布を敷いて、①のハタをのせ、酒をかけて約15分蒸す。
4. 蒸しあがったら、③のハタにゆずをのせる。
5. 器にハタ、ゆず、豆腐、しいたけを1人分ずつ盛りつける。

11月の蒸しもの

おしえて！

霜降りをするワケ

ハタはぬめりが特長の魚です。そのまま熱を加えると、表面の汚れや生臭みがそのまま固まってしまいますので、必ず霜降りをします。また、取り残したウロコを取る効果もあります。

ゆずの風味を活かすコツ

ハタの味をそこなわず、ゆずの風味を活かすには、蒸しあがってからゆずをのせ、蒸し器の余熱を加える程度が効果的です。

牡蠣雑炊
かきぞうすい

カキは揚げ物にしても鍋にしても、
調理するときは熱を通しすぎないように仕上げましょう。

‖ 主な材料（5人分）‖

- カキ…30個　米…2合　三つ葉…1束
- 出汁…1.5ℓ　薄口醤油…120ml　酒…大さじ2
- 露生姜（15頁）…適量

‖ したごしらえ ‖

- カキは水で3回くらい洗い、霜降りをする（13頁）。
- 米は少しかために炊いておく。
- 三つ葉は葉をむしり、軸を2cmくらいに切る。

‖ つくり方 ‖

1　カキは端の黒い部分を切り取る。
2　ご飯を水で洗って、ぬめりを取り、ザルにあげて水気をきる。
3　土鍋に出汁、①のカキを入れて火にかけ煮立ったら、②のご飯を加える。出てくるアクはできるだけ取りのぞく。
4　酒、薄口醤油を加えて味をととのえ、三つ葉を散らし、露生姜を加える。

11月のごはん

おしえて！

カキをより美味しくする方法

カキは汚れがたくさんついているので、たっぷりの水でよく洗います。また熱湯にくぐらせて霜を降るのも、表面についている貝殻を取りのぞく効果的な方法です。端の黒い部分を切るのも同様の理由からです。

12月

南瓜の旨煮
(かぼちゃのうまに)

かぼちゃは秋から冬にかけて甘味を増します。
出汁を活かして甘味を引き立てます。

‖ 主な材料（3人分）‖

- かぼちゃ…½個
- 出汁…600ml　薄口醤油…大さじ4

‖ つくり方 ‖

1. かぼちゃは種を取り、くし型の食べよい大きさに切って、先端部分を2cm切り落とす。
2. 皮を緑が少し残る程度にむき、容器に移して蒸し器で約15分、やわらかくなるまで蒸す。
3. 鍋にかぼちゃ、出汁、薄口醤油を入れて火にかけ、ひと煮立ちしたら火を止め、そのまま冷まして味をふくませる。
4. 味がしみこんだら、器に盛りつける。

先端を切る

緑が少し残る程度に皮をむく

12月の煮物

おしえて

かぼちゃを短時間で美味しく調理するコツ

かぼちゃの皮はかたく、食べたときに口当たりがよいものではありません。また、味もしみこみにくくなりますので、皮は適度に残る程度にむきます。また、蒸してやわらかくしておくことで、短時間で味をなじませることができます。

煮くずれをふせぐ方法

かぼちゃは、煮汁が煮立ったらすぐに火を止め、そのまま冷まして味をのせるようにします。煮くずれを防ぐ方法です。

蕎麦大名蒸し

お揚げに蕎麦を包み込んだ、一風かわったキツネ蕎麦。
蕎麦と出汁をからめながら、アツアツを楽しみます。

‖ 主な材料（2人分）‖

- 蕎麦（生・乾どちらでも可）…1玉（1束）　薄揚…1枚　かんぴょう…適量
- 出汁…540ml　薄口醤油…大さじ3強　葛粉…適量
- ねぎ…1本　生姜…2かけ

‖ したごしらえ ‖

- 蕎麦はかために茹でる。　・ かんぴょうはもどす（12頁）。
- 葛粉は出汁（適量）で溶く。　・ ねぎは小口切りにする。
- おろし生姜をつくる。

‖ つくり方 ‖

1. 薄揚げは半分に切り、一片を残して端を切って、ひらく。
2. 巻き簾に①の薄揚げをひろげる。蕎麦をのせて長さを薄揚げに合わせて切る。蕎麦の分量は椀の大きさによって加減する。
3. 巻き簾を使って薄揚げで蕎麦を巻き、かんぴょうを等間隔に結び止め、容器に移し、蒸し器で7〜8分蒸す。
4. 鍋に出汁を入れて火にかけ、葛を少しずつ加えてとろみをつけ、煮立ってきたら薄口醤油を加えて味をととのえる。
5. ③が蒸しあがったら、かんぴょうが中央になるように切る。
6. 器に盛りつけて、④の出汁をそそぎ入れ、ねぎ、生姜をそえる。

12月の汁物

おしえて！

出汁の味加減

この料理の場合の醤油の加減は、蕎麦出汁をつくるときの感覚で結構です。蕎麦は少し濃いめの出汁のほうが美味しく頂けます。

鴨と大根の炊き合わせ

鴨は関西で馴染みのある食材ですが、
今は全国的に手に入りやすくなりました。
週末に少し手間をかけて料理してみましょう。
旨味が凝縮されているので、大根やかぶらと合わせて。
きくながないときは、白菜もよく合います。

主な材料（3人分）

- 鴨肉…1枚　大根…⅓本　きくな…200ｇ
- 薄口醤油…大さじ4　味噌（赤または桜）…大さじ3弱　水…800ml
- 煮汁A…出汁（200ml）　薄口醤油（小さじ4）
- 昆布…はがき大1枚　小麦粉…適量
- ゆず…適量　山椒…適量

したごしらえ

- 鴨肉は薄皮がある場合、取りのぞく。
- 大根は輪切りにして皮をむき（10頁）、半月にして面取りをする（10頁）。
- きくなはやわらかく茹でて水にさらし、食べよい長さに切る。
- ゆずは皮を、せん切りにする（11頁）。

つくり方

まずは野菜から

1　鍋に水、大根、昆布を入れ、キッチンペーパーで落し蓋をして火にかける。やわらかくなったら薄口醤油を加え、ひと煮立ちしたら火を止める。この煮汁300mlを容器に移しておく。

2　別の鍋に煮汁Aを入れて火にかけ、煮立ったら菊菜を加えて、さらにひと煮立ちさせて火を止める。

大根をやわらかく茹でる

菊菜に味をふくませる

次に鴨肉

3　フライパンは油をひかずに火にかけ、鴨肉の皮を下にしてのせる。皮に焦げめがつくまで焼き、水にさらす。

4 冷めたら8mm幅くらいに切って、皮の部分に隠し包丁を入れる。
5 バットなどの容器に並べ、鴨肉の両面に小麦粉を均一につける。
6 ①の大根の煮汁を入れた容器に、味噌を加えてよく混ぜ合わせる。
7 別の鍋に⑥を200mlほど移して火にかけ、
煮立ってきたら⑤の鴨肉を加えて煮詰める。
8 ⑦の煮汁が少なくなってきたら、⑥の残りを加え、
途中で鴨肉を返しながら熱を通し、煮あがったら、粉山椒をふりかける。
9 器に大根、きくな、鴨肉を盛りつけ、ゆずをそえる。

油をひかないで、
皮を下にして焼く。

水にさらす

皮に隠し包丁を入れる

おしえて！

とにかく鴨を美味しく調理するコツ

鴨肉の皮は脂が強いので、フライパンで焼くときは、油をひかないで焼いてください。

鴨肉は火が通りやすいので、煮過ぎないように、フーワリとやわらかく仕上げます。また隠し包丁を入れることで、味が染み込みやすく、食べやすくなります。

小麦粉は旨味をとじこめる役割がありますが、薄く均一につけるのがコツです。

鴨と野菜の煮汁で煮るワケ

鴨肉と野菜は、調理方法と時間が異なるので別々に調理しますが、野菜の煮汁を使って鴨肉を煮ると、さらに味わい深くなります。

鴨肉には独特の風味があります。薬味には味、香りともに風味が強い、山椒の香りがよく合います。

辻留さん

おすすめの調味料類ほか、お取り寄せ先

［薄口醬油］　まるさわ 京うすくち醬油　（株）澤井醬油本店
京都市上京区中長者町新町西入ル　Tel 075-441-2204

［米酢］　千鳥酢　村山造酢（株）
京都市東山区三条大橋東3-2　Tel 075-761-3151

［胡麻油］　太白胡麻油　竹本油脂（株）
愛知県蒲郡市浜町11番地　Tel 0533-68-2111

［塩］　粟國の塩　（株）沖縄海塩研究所
沖縄県島尻郡粟国村字東8316　Tel 098-988-2160

［八丁味噌］　（合）八丁味噌
岡崎市八帖町字往還通69　Tel 0120-418030

［仙台味噌］　仙台味噌醬油（株）
仙台市若林区古城1-5-1　Tel 022-286-3151

［練胡麻］　（株）ゴマヤ
東京都大田区東蒲田1-20-14

［湯波］　（株）湯波吉
京都市中京区錦市場　Tel 075-221-1372

［生麩］　麩嘉
京都市上京区西洞院椹木町上ル　Tel 075-231-1584

平　晴彦（たいら　はるひこ）

昭和21年東京生まれ。青森県立青森高校卒業後、昭和40年に辻留銀座店へ入店。昭和48年には二代主人・辻嘉一の四女、嘉代子と結婚。昭和50年より出張料理専門の辻留京都店を任され、現在に至る。著書に『京都辻留がつくる季節の茶懐石』（世界文化社）『京都辻留　季節の煮物椀』（淡交社）がある。

おしえて！辻留さん
茶懐石のワザをいかす毎日ごはん

平成28年6月11日　初版発行

著　者　平　晴彦
発行者　納屋嘉人
発行所　株式会社 淡交社
　　　　本社　〒603-8588 京都市北区堀川通鞍馬口上ル
　　　　　　　TEL（075）432-5151［営業］・（075）432-5161［編集］
　　　　支社　〒162-0061 東京都新宿区市谷柳町39-1
　　　　　　　TEL（03）5269-7941［営業］・（03）5269-1691［編集］
　　　　http://www.tankosha.co.jp

印刷・製本　図書印刷株式会社
©2016　平　晴彦　Printed in Japan
ISBN978-4-473-04091-6

定価はカバーに表示してあります。
落丁・乱丁本がございましたら、小社「出版営業部」宛にお送りください。送料小社負担にてお取り替えいたします。
本書のスキャン、デジタル化等の無断複写は、著作権法上での例外を除き禁じられています。
また、本書を代行業者等の第三者に依頼してスキャンやデジタル化することは、いかなる場合も著作権法違反となります。